D0131581

642
FASHION THINGS TO DRAW

CHRONICLE BOOKS
SAN FRANCISCO

ISBN 978-1-4521-1832-1

Manufactured in China

Design by Eloise Leigh

10 9 8 7 6 5 4 3 2 1

Chronicle Books LLC
680 Second Street
San Francisco, California 94107

www.chroniclebooks.com

an oversize hair bow

~~~~~~

ankle-strap sandals

a brass button

a drawstring bag

argyle socks

Courtney Love

a tiara

~~~~~~

Jackie O sunglasses

an exposed zipper

a French braid

a dress for a Kanye concert in 2016

toe shoes

an overflowing shopping bag

a bagpipe-worthy kilt

a trilby

patterned tights

a faded jean jacket

~~~~~~

a zebra print

a sparkly headband

a ballerina-befitting tutu

a dog collar

a cloche hat

a Birkin bag

platforms

a parasol

legwarmers

a Louis Vuitton luggage set

an embellished camisole

a teeny polka-dot bikini

lust-worthy Jimmy Choos

a dress for Woodstock in 1969

gardening gloves

lace gloves

a feather boa

~~~~~~

a chunky cowl

~~~~~~

a fur collar

a stack of bangles

a 1930s one-piece bathing suit

your favorite dress from five years ago

your current favorite dress

a striped tank top

John Lennon's glasses

a Judith Leiber clutch

Uggs

your grandmother's rings

~~~~~~

your ideal eye shadow palette

Johnny Depp's Captain Jack Sparrow look

~~~~~~

a masquerade mask

cowgirl boots

a regal raincoat

a romper

~~~~~~

a tie-dyed T-shirt

leather pants

a bib necklace

Carrie Bradshaw

a collegiate cardigan

a peasant blouse

Cher, circa 1970

a turban

bell-bottoms

a three-piece suit

your first pair of earrings

~~~~~~

eye-catching nail art

a bow tie

~~~~~~

a Queen Anne collar

~~~~~~

Manolo Blahniks

a dress form

something tartan

a neon accent

a cable-knit sweater

~~~~~~

drop earrings

a racerback dress

riding pants

a classic hoodie

a mini denim skirt

the First Lady

a smoky eye

~~~~~~

a Peter Pan collar

~~~~~~

moccasins

Audrey Hepburn's little black dress

Bjork's swan dress

a Lily Pulitzer sundress

a Twiggy dress

Mary-Kate Olsen

a Kate Spade bag

Tory Burch flats

a top hat

a Hamptons-worthy seersucker look

a lacy bra

~~~~~~

Heidi braids

a Breton top

~~~~~~

an Hermès scarf

~~~~~~

leather booties

a Chanel tweed suit, circa 1920s

a Chanel tweed suit, circa now

a maxi dress

fishnet stockings

a three-button vest

strappy stilettos

something with shoulder pads

dramatic ruffles

a tattoo you might consider

a Swiss dot blouse

~~~~~~

aviators

~~~~~~

a braided belt

an infinity scarf

a bright Swatch watch

capri pants

Kate Moss, circa 1993

Daisy Dukes

combat boots

a bomber jacket

~~~~~~

a utility jacket

a crop top

~~~~~~

a beehive hairdo

schoolgirl knee socks

a beachy cover-up

a knotted headscarf

a dancer's bun

your favorite thrift-store find

a pillbox hat

~~~~~~

D'Orsay heels

Julia Roberts's black-and-white Valentino gown

thigh-high boots

something with fringe

~~~~~~

a Fair Isle sweater

~~~~~~

Moon Boots

a pompadour

a Rihanna-inspired mohawk

flannel pajamas

~~~~~~

a leopard-print coat

a strapless cocktail dress

a shearling coat

culottes

go-go boots

biker-chick chic

overalls

a backless dress

a studded belt

a daisy chain for your hair

a sweater for a shih tzu

Chanel flats

chandelier earrings

cuffed jean shorts

a teatime dress for Kate Middleton

a coat with oversize buttons

a scrunchie

tapered jeans

a pencil skirt

a messenger bag

~~~~~~

a Western shirt

feather hair extensions

a bolo tie

a sweater with elbow pads

a deep side part

big-buckle boots

a slouchy off-the-shoulder top

a modern Marc Jacobs–esque pattern

~~~~~~

slingbacks

a crisp blazer

~~~~~~

a big-face watch

smocking

acid-washed denim

Joan from *Mad Men*

Halle Berry's 2002 Oscar dress

mismatched socks

alligator shoes

a choker

a turn-of-the-century swimming costume (striped, for the Riviera) a corset

~~~~~~

a sun hat with flowers

a pretty little cami

a dress with a bustle

palazzo pants

espadrilles

a Bardot neckline

wing tip oxfords

your mother's wedding dress

a Diane von Fürstenberg wrap dress

a pussy bow blouse

a peplum waist skirt

cargo pants

a knitted sweater vest

a keyhole blouse

~~~~~~

a beret

~~~~~~

a Gucci handbag

an oversize sweater

~~~~~~

an accordion-pleated skirt

a double-breasted coat

harem pants

a halter top

bell sleeves

a prom-tacular prom dress

a printed tea dress

gold lamé pants

kitten heels

a French twist

fancy false eyelashes

a mood ring

your briefcase

~~~~~~

a wide-brimmed felt hat

front row at fashion week in Paris

pointy pumps

~~~~~~

something crocheted

Birkenstocks

~~~~~~

an eyelet lace accessory

~~~~~~

a feather in a cap

a dramatic overcoat

a luxe sari

the perfect poncho

a classic oxford shirt

high-tops

an Akubra

a hippy floral top

a hobo bag

a pageboy haircut

a Betty Draper 1950s apron

an appliquéd tee

ikat fabric

~~~~~~

a collar necklace

a 1980s-fabulous sweatshirt

clogs

~~~~~~

a tuxedo shirt

~~~~~~

a sombrero

unexpected shoelaces

dramatic pockets

tasseled loafers

a belted dress

a wrap bracelet

a peep-toe pump

Madonna's "Like a Virgin" dress

patterned leggings

a holiday outfit

something mohair

~~~~~~

crisp creased slacks

a brooch

spectacles

Nike Airs

a maxi skirt

Elizabeth Hurley's black Versace dress

a cathedral veil

Malta sandals

an heirloom pendant

a poodle skirt

a chambray top

~~~~~~

New Year's Eve makeup

a flapper dress

a chiffon skirt

a bubble umbrella

a double-strand necklace

a fit-everything tote

suspenders

〰〰

a French manicure

a jumpsuit

a CEO skirt suit

a ruched gown

a graphic print mini dress

something snakeskin

a silk tunic

a cuff bracelet

an empire-waist dress

a night-on-the-town top

something gauzy

something silky

a beachside straw hat

~~~~~~

a V-neck sweater

a denim vest

~~~~~~

a childhood skort (pretty in the front, playground in the back) disco dance floor attire

Hunter rain boots

a mascara wand

a shawl

cufflinks

puff sleeves

a 1920s headband

T-strap shoes

a pixie cut

a sleek turtleneck

a taffeta party dress

tuxedo pants

a low chignon

an engraved bracelet

L.L.Bean boots

a mesh top

a chunky knit

~~~~~~

a diadem crown

what you would steal from your mom

what you wish someone would steal from your mom

something sheer

a Barbour jacket

huge granny glasses

~~~~~~

a little wristlet

~~~~~~

an oversize belt

your pop-star getup

a bodice top

~~~~~~

a Coach saddlebag

a shift dress

~~~~~~

snow boots

a jacquard blouse

a classic nude pump

pedal pushers

a balconette bra

cigarette pants

a bolero jacket

a quilted bag

a cocktail ring

a gorgeous blowout

a Donna Karan bodysuit

elbow-length gloves

flirty slippers

~~~~~~

dolman sleeves

an ostrich handbag

~~~~~~

a belt buckle with your name on it

dramatic seams

gladiator sandals

a Pendleton scarf

a paneled skirt

a pair of Toms

a hip-slung belt

Annie Hall pants

a slouchy pullover

~~~~~~

an expensive muff

preppy chic

the prettiest perfume bottle

~~~~~~

a high-collar blouse

a ski bunny outfit

a bow-in-the-back dress

cat-eye glasses

arm warmers

a breezy sarong

tennis whites

Frye boots

a capelet

a camp shirt

a baby-doll dress

tassel jewelry

a jersey tunic

something flouncy

a track jacket

~~~~~~

ballet flats

a boat neckline

~~~~~~

summertime sneaks

~~~~~~

perfect circle shades

a goddess-worthy nightgown

,

Mary Janes (with a twist)

Dorothy's ruby red slippers

Marilyn's white crepe halter dress

wide-leg jeans

blue suede shoes

pearl earrings

a femme fatale hat (with netting)

a fringed leather jacket

a delicate floral pattern

a big, bold floral pattern

a leotard

plaid golfing trousers

pointed-toe shoes

top-handle purse

Allen Ginsberg's glasses

a sleeveless blouse

~~~~~~

a serape

a fascinator

~~~~~~

the Vidal Sassoon five-point cut

a safari jacket

a batik skirt

slouchy boots

high-waisted jeans

dog tags

a Balenciaga bag

~~~~~~

an embellished heel

a Spice Girl's iconic getup

a bib dress

a flannel shirt

a Ralph Lauren polo shirt

saddle shoes

a Grace Kelly ensemble

a Jane Austen frock

a belted bikini

a French maid outfit

Converse One Stars

Wayfarers

the perfect tee

a tiered top

something velvet

~~~~~~

boy shorts

pirate chic

stud earrings

~~~~~~

a Panama hat

~~~~~~

flip-flops

a sweater set

cowgirl chaps

~~~~~~

a Hawaiian shirt

Prada flame shoes

something corduroy

a Marimekko dress

a 1940s flowered bathing cap

punk rock chic

a college sweatshirt

~~~~~~

an Alexander McQueen creature claw shoe

a corsage

~~~~~~

something velour

a polka-dot umbrella

a vintage floral dress

1980s hair

.

a cummerbund

a rugby shirt

Chelsea boots

a mink coat

a suit for Katharine Hepburn

girly panties

something checkered

something with piping

a motorcycle jacket

~~~~~~

a Marie Antoinette hairdo

some bling

a dress with a cinched waist

Hermès riding boots

boat shoes

Rita Hayworth's strapless gown in *Gilda*

Wonder Woman's suit   Comme des Garçons drop-crotch pants

your ultimate wardrobe staple

an ascot

a blouse with French cuffs

hiking boots

a sailor dress

~~~~~~

an Yves Saint Laurent Le Smoking jacket

a holiday sweater

~~~~~~

Tom Ford glasses (for sun or sight)

a backpack

a lace top

linen pants

distressed denim

a boutonnière

a Miu Miu satchel

a rhinestone hair clip

a herringbone jacket

steampunk goggles

a pastel ensemble

a bridesmaid dress

stacked rings

onesie pajamas

a charm bracelet

a bowler hat

a zigzag pattern

hoop earrings

extreme V-neck

a heavy-knit fisherman sweater

pilgrim pumps

a fur stole

~~~~~~

something monogrammed

elegant loungewear

original jelly shoes

jellies, modernized

a short suit

a long-sleeved dress

a locket

Bermuda shorts

an L.L.Bean tote

1990s flip glasses

a colorful caftan

something sequined

~~~~~~

a bandeau bathing suit

a head scarf for a convertible ride

~~~~~~

a *Breakfast at Tiffany's* eye mask

a statement necklace

a baroque Versace print

~~~~~~

a tortoiseshell barrette

~~~~~~

a sailor's cap

a Donald Trump power suit

a striped necktie

a flamenco skirt

a Burberry trench

a trapeze dress

a bandana

~~~~~~

earmuffs

a signet ring

fingerless gloves

boyfriend jeans

a pocket square

a henna hand tattoo

penny loafers (with pennies in them)

~~~~~~

a bubble skirt

leopard-print panties

~~~~~~

a best-friends-forever necklace

a sweetheart neckline

~~~~~~

a Sunday morning church hat

~~~~~~

leather gloves

a sheath dress

surfer-girl chic

huaraches

cropped pants

a peacoat

Stevie Nicks, circa 1975

a tribal print

a classic button-down

tap shoes

boxer briefs

a 1950s housedress

a floppy hat

a down vest

backstage at a fashion show

a runway

cuffed khakis

wool schoolgirl tights

a skinny belt

an anklet

houndstooth

a Nordstrom sale rack

a sewing machine

~~~~~~

a blusher veil

a handkerchief skirt

an ankle-length fur coat

a pair of mules

a thimble

kimono pants

a dress for the Kentucky Derby

a high pony

Buddy Holly glasses

a princess neckline

a pashmina

a high-low hem

flared denim

friendship bracelets

〰〰

lace-up boots

Christian Louboutin heels

~~~~~~

a scarf tied on a purse

~~~~~~

a baseball cap

James Dean

an anorak

a retro maillot

a toe ring

Doc Martens

a bouffant

a jacket with epaulets

a color-block dress

fabric scissors

~~~~~~

an obi sash

a pinafore dress

a bustier top

buckled sandals

an iron

Vogue magazine

a tulle gown

pantyhose with a design
running up the back

a topknot

~~~~~~

a shrug

Anna Wintour

~~~~~~

patent leather pumps

Rodeo Drive

Brooke Shields's eyebrows

~~~~~~

a gold chain

~~~~~~

wedge sneakers

a dip-dyed skirt

a knitted beanie

Levi's 501s

running shorts

a Cosby sweater

a square-neck dress

a cameo pendant

an embroidered detail

a cape

found-object jewelry

~~~~~~

a Michael Kors timepiece

Upper East Side chic

a D&G pinstripe suit

a peplum blouse

~~~~~~

shaggy bangs

an outfit your mom would have worn in her twenties

an outfit your dad would have worn in his twenties

a portrait collar

a tiki print

fuzzy mittens

a monocle

folds of floral fabric

clothing labels for your personal fashion line

a vintage rock tee

hipster chic

a collared shirtdress

retro pinup chic

crimson lips

gloss-drenched lips

a cross-back dress

a spool of thread

a toggle coat

a newsboy cap

a horseshoe belt buckle

a geometric print

boho chic

a claddagh ring

a varsity jacket

fur boots

Shirley Temple ringlets

pigtails

Princess Diana

a sweatband

a line of hook-and-eye closures

heart-shaped shades

a necklace with your name or initial

cork wedges

warm-up pants

a Jean Paul Gaultier man-skirt

the big trend for next season

a drop-waist dress

twill pants

a camel-hair coat

a one-shoulder cocktail dress

your fantasy shoe collection